그 누군가를 그리워해 본 적 있나요

그 누군가를 그리워해 본 적 있나요

발행일	2025년 9월 5일		
지은이	김은정		
펴낸이	손형국		
펴낸곳	(주)북랩		
편집인	선일영	편집	김현아, 배진용, 김다빈, 김부경
디자인	이현수, 김민하, 임진형, 안유경	제작	박기성, 구성우, 이창영, 배상진
마케팅	손화연, 박진관		
출판등록	2004. 12. 1(제2012-000051호)		
주소	서울특별시 금천구 가산디지털 1로 168, 우림라이온스밸리 B동 B111호, B113~115호		
홈페이지	www.book.co.kr		
전화번호	(02)2026-5777	팩스	(02)2026-5747
ISBN	979-11-7224-819-2 03810 (종이책)	979-11-7224-820-8 05810 (전자책)	

잘못된 책은 구입한 곳에서 교환해드립니다.
이 책은 저작권법에 따라 보호받는 저작물이므로 무단 전재와 복제를 금합니다.
이 책은 (주)북랩이 보유한 리코 장비로 인쇄되었습니다.

(주)북랩 성공출판의 파트너

북랩 홈페이지와 패밀리 사이트에서 다양한 출판 솔루션을 만나 보세요!

홈페이지 book.co.kr • **블로그** blog.naver.com/essaybook • **출판문의** text@book.co.kr

---

작가 연락처 문의 ▶ ask.book.co.kr

작가 연락처는 개인정보이므로 북랩에서 알려드릴 수 없습니다.

별이 빛나는 밤

그 누군가를
그리워해 본 적 있나요

김은정 시집

희미한 부표처럼 멈춰 선 고독한 배,

태양빛을 삼키는 눈망울로

세상을 바라보다

 북랩

차례

1부
겨울바람

겨울비	12
물의 찬가	14
추억의 팝송	16
빵을 먹는 그 여자	18
겨울바람	22
도시의 가로등	24
봄날	26
5月의 나무	28
십자가	30
봄날의 매화	34
새벽의 태양	36
3月의 수선화	38

담쟁이넝쿨 40

매미 전투 42

헤어질 결심 44

부탁이야 46

가을하늘 48

낙서 금지 50

구멍 난 양말 52

기적 54

2부
등대의 사랑

봄꽃이 필 무렵 58

엄마 61

그 나무 64

숲 대공원이 내게 주는 선물 66

한 장미 송이와 어린 왕자 68

모른다는 것은 70

나무와 달 72

풀잎 73

낙엽 74

죽음이란 76

등대의 사랑 78

꽃의 왈츠	80
이름 모를 새	82
3월의 웨딩	84
그대 음성에 내 마음 열리고	86
잠 못 이루는 밤	88
부활	90
그 누군가를 그리워해 본 적 있나요	92
물안개	94
고뇌	96

3부
세상에서 가장 큰 슬픔을 주워 담아요

꽃길	100
달과 구름	101
반려 식물	102
5월의 마지막 날	104
그네	106
6월의 바람	108
조국	109
달빛	110
여름	112
무인 편의점 1	114

무인 편의점 2	116
어머니	118
매미의 잊히지 않는 여름날	122
거미집	124
별	126
날씨가 좋다	128
세상에서 가장 큰 슬픔을 주워 담아요	130
아픈 손가락이 전하는 말	134
별빛을 먹고	136
봄비	138
해커들의 세계	140
열돔이 세상에 전하는 말	142

1부

겨울바람

겨울비

하늘이 뿌옇다
미세먼지인지
물안개인지
불투명한 유리창을 뚫고
아스라이 바라본 아담한 그 산
구름이
한참 동안
그리움에 목말라한 듯
진한 키스를 건넨다

환희의 눈물일까?
창밖을 두드리는 빗방울은
만남을 시샘하듯
구슬방울 뿌리며
야단법석이다

아! 그러나
구름과 산
냉혹한 빗줄기에도
아랑곳하지 않고
더욱더 뜨거운 포옹으로 잠든다

그리움을 씻기우듯
탁탁탁
유리창을 두들기는 따스한 겨울비

하늘은 이내 열렸다

물의 찬가

물은 색깔이 있을까?
분명히 맑고 투명해
그 무엇을 닦고 씻기엔
반드시 물은 필요해
매일 그릇을 닦을 땐
밥풀 자국 음식 찌꺼기 지워주곤 해
새하얗게 뽀드득 소리 나면
엎어서 말리곤 해

하지만 물의 색깔은 보이지 않았어
늘 그렇게 써 왔으니깐……
소중하지만 관심 없었어

세탁물이 쌓이곤 해
그럴 땐 세탁기에 왕창 넣고

버튼을 몇 번 누르면
물은 자동시스템을 따라
돌아가기에 물의 색깔은 안 보여

보이지 않는 물의 색깔
세제랑 혼합되면 거품도 만들곤 해
혼탁한 물을 여러 번 헹구어 내면
더러운 옷감은 새하얗게 돼

예전엔 세탁소에
까만 운동화를 맡겼어
그러나 이젠
세탁용 세숫대야에 가루비누를 풀고
더러운 운동화를 담갔어
한참 후 부드러운 솔로 오물 묻은 곳을 닦아냈어
그리고 물을 뿌리며 운동화를 여러 번 헹궈냈어

역시 투명한 물의 힘
정말 놀라웠어
더러운 곳을 깨끗하게 만드는 신비의 물

추억의 팝송

한겨울 눈 내릴 듯 말 듯
칼바람이 옷깃을 스치자
고독과 침묵 속으로 젖어든다

나만의 공간
세 평 남짓한 조그만 방
사각 큐브 모양의 하얀 미니 오디오
세팅되지 않은 알람시계 불빛
반짝반짝 심장 박동수를 말하듯

어느 채널 고정
추억의 팝송에 물들면
뒤엉킨 큐브 퍼즐 맞추듯

아메리카노에 우유 뿌린
부드러운 맛의 카페라테 같은 음악

또 한 번
아메리카노에 얼음을 띄운
록 음악엔 엉덩이 들썩들썩

연이어서
아메리카노에 밀크와 계핏가루를 뿌린
카푸치노엔 사랑의 속 쓰림 같은 음악

강렬한 그 조명의 불빛은
첫사랑과의 진한 포옹으로
하나 된 블루스 타임

잊으려 해도 잊히지 않는
달콤한 초콜릿과 거품 오른
카페모카 같은 음악
피로를 녹여주는 추억의 팝송

빵을 먹는 그 여자

그대는 얼굴이 없습니다
한 번은 쪼글쪼글한 주름 가득한 두 손에 전해진
누런 종이봉투가 식탁에 놓였습니다

뭘까, 살며시 그 신비의 봉투를 열어 보았습니다
어머, 아기 발바닥 모양을 한 치즈 빵 두 개가 숨었습니다
그 옆에는 알록달록한 삼각 모양의 샌드위치와 눈이 마주쳤습니다
얼굴 없는 두 팔은 앙증맞은 노랑 빵 두 개를 집었습니다
먹기엔 너무 귀엽습니다
음~ 치즈가 입안에서 사르르 녹습니다
폭신폭신한 그 빵은 엄마의 젖가슴 같습니다
빵을 먹는 그 여자는 치즈 빵처럼 촉촉하였습니다

다음 날
심심해서 냉장고를 열어 보았습니다
뭘까, 조그만 사각통이 보였습니다
얼굴 없는 그대는 발뒤꿈치를 들고 오른팔을 뻗어 보았습니다
그리고 살짝 뜯어보았습니다
음~ 초코크림 가득 발린 파이였습니다
이리저리 주위를 살피다가 한 입 깨물었습니다
갑자기 날개가 생겼습니다
너무 달콤해서 그 여자는 하늘 높이 날아올랐습니다

늦은 밤
빵을 먹는 그 여자에게
칸막이 넘어 얼굴 없는 팔을 타고
함박꽃 같은 빵이 나타났습니다
너무 탐스러워 뜯어보았습니다
한입에 살며시 닿는 순간 사르르 녹았습니다
너무도 부드러운 그 맛에 매혹된 빵 이름은
아다지오 커피번이었습니다
동글동글한 알사탕처럼 아주 느리게 천천히 사르르 녹습니다

맛의 풍미를 더해
아메리카노 한 잔의 여유로
온 세상을 얻었습니다

빵을 먹는 그 여자는
얼굴 없는 팔을 따라서
오늘도 내일도 그다음 날도
촉촉하고 부드러운 빵을 기다리고 있습니다

빵을 먹는 그 여자가 잠든 사이
문을 두드리는 노크 소리가 들립니다
얼굴 없는 긴 팔을 타고
누룩 없는 빵은 살며시 문틈으로 들어옵니다
혀에 닿는 순간 녹아난 그 빵은 신비의 성체였습니다
빵을 먹는 그 여자가 꿈속에서 미소를 짓고 있습니다

겨울바람

신축년 새해 첫날
캄캄한 새벽 출근길
시작을 매섭게 알리는 칼바람의 인사

몸을 최대한 움츠리고 냉혹한 바람을 피하지만
틈새 있는 바짓가랑이 사이로 파고드는 겨울바람
마치 서릿발처럼 치켜세우며 너의 살을 베었다

하지만 낯설지 않은 그 칼바람
세차게 불어도 좋아
그대는 잠든 정신 일깨우는 자명종인가
아니면 미세먼지 거두어가는 공기 청정기인가
눈보라와 어우러져 너의 볼마저 스치고 가는
냉혹한 그 바람

어두운 길 나란히 걸어가는
앙상한 나뭇가지엔 나뭇잎 하나 없다
칼바람 앞에 아무것도 걸칠 수 없는 그대
그건 아마도
냉정과 열정을 불러일으키는 자연의 신비다

도시의 가로등

잠든 고요한 이 밤
골목길 한구석에 고요히 서 있는 가로등

누구를 기다리는가
오늘은 왠지 지나가는 이 하나 없고
연인들의 웃음소리 여운뿐
나그네들의 발걸음 소리 없다
그래도 여전히 길 밝히는 키 큰 가로등
무엇을 찾고 있는가
그대는 왜 고개를 숙이며 말이 없는가
다만 은은한 빛을 발하며 따스한 미소만 짓는가

가로등이여
골목길 지나는 사람들 가운데
겸허한 자들은 몇이나 되던가
밤새도록 길을 비추어 주었지만
그대의 존재를 알고자 하는 이는 아무도 없었다

어느 순간
어둠을 밝혔던 빛이 사라지면 찾을까
그동안 그대의 생명을 아낌없이 내어준
도시의 가로등

봄날

1月 오후 한때
얼어붙은 온몸에 키스를 퍼붓는 따사로운 햇살이
살며시 촉촉하게 스며들면
봄날인 듯 눈 감는다

쌩쌩한 겨울은 아쉬운 듯
이별을 알리는 건가
잠시 쌀쌀한 바람 불어도 좋아
옷깃 여미며 걸어도 외롭지 않아

강렬한 햇살 못 이겨 구멍 난 얼음 좀 봐
그 틈 사이로 산책 나온 오리가족
유유자적 노니며 머무는구나

어느새 봄날의 인사
저 꼭대기 나뭇가지엔 다정한 새들의 지저귐
짹짹 지지배배 후루루 창공 저 높이 울려 퍼진다

포근한 봄바람 따라 내 마음도 즐거워지면
봄날이 온다
잊을 수 없는 그 봄날

5月의 나무

향긋한 햇살이 쏟아지던 날
화단에 줄지어 선 나무들
운 좋은 날이면
건물의 틈새로 스며드는
태양의 열기 머금는다
빛에 응하듯이 반질반질해진 잎사귀

낡은 구두도 구두약 바르면 저만큼 반지르르할까
퇴색된 얼굴도 가루분 바르면 저토록 윤기가 흐를까

5月의 나무는
뿌리만 내려도 잎은 아름답기만 하다
푸르름으로 미소를 건네는 5月의 녹음이여

사방으로 트인 공간에
마음이 잘 기울지 않는 은행나무가 있다
물든 단풍에 감탄을 쏟아 뿜은 지 인생의 절반

초록잎이 왕성한 5月의 계절
단 한 번도 마음두지 않았던 은행나무
가지마다 하루 이틀 쌍둥이 아기가 탄생하듯
앙증맞게 새순이 주렁주렁 돋아있다
은행잎이 너무 작아서일까
나그네는 말문이 트였다
아잉 귀여워
그러자 또 다른 작은 잎이 생겨났다

며칠 뒤 그 나무에 듬뿍 뿌려진 빗줄기
또다시 아기 잎은 조금씩 자라났다
그 은행잎은 까칠하지만 금세 성장했다

5月이 끝날 무렵
의젓하게 성장한 그 은행나무
나그네는 알게 모르게 눈빛을 자꾸만 건넨다

십자가

너는 생각이 없다
텅 빈 머리를 달고
요란하게 달리고 달린다

아무것도 없는데
소란스러운 것은 왜일까

너는 사물을 향해서
보이는 것마다 찌르고 두들긴다

너는 날마다 종순이로 살아간다
눈동자는 텅 비었다
그래서일까
재주라고는 찌르는 것

속 천불난다
네가 힘겨울 때
왜 천사는 없을까

우린 하나라 믿었는데
있어야 할 그곳에
외면만 해
사랑도 우정도 믿음도
물거품 되어 사라진다

그때
지배자가 피지배자를 다스리는 왕국이 생겨난다

눈먼 너는 세상의 욕망을 먹은
지배자의 노예가 된다

그 순간
너의 실체는 사라져 간다

너의 세상이 나의 세상을 죽였다
너의 세상은 살고 나의 세상은 사라져 간다

너의 눈 속에 깊은 침묵이 흐른다

그때
천사가 건네준 선물은 작은 십자가였다
굶주린 너는 아무런 말 없이
그 십자가를 받아 안았다

봄날의 매화

봄날 오후
오랜만에 봄비가 보슬보슬 내린다
지구 한 바퀴 돌 듯
공원을 거닐다 보니
봄비를 거저 맞는다

눈을 황홀케 하는 고운 자태의 나무들
봄을 애타게 기다리고 있다
가지마다 싹을 틔울 듯 말 듯
꽃단장이다

그 와중에
기다리다 못해
단잠에서 일찍 깨어난 매화

황금빛 잔디 위에
고결한 자태로
봄비의 속삭임에
그만 눈을 활짝 뜬 매화

그립고 그리운 너를
다시 만나니
꿈만 같구나

새벽의 태양

날이 밝으니 태양이 뜬다
혀보다 진할까
사과보다 붉을까

찬 공기 아랑곳하지 않는 저 붉은 태양
바라보는 내내 너무 황홀해
아무나 볼 수 없는 뜨거운 태양

넋을 놓고 바라본 찬란한 태양
녹아버릴 듯한 눈망울
그대는 태양빛의 먹이다

3月의 수선화

구석진 담장 아래
햇살 비치면
옹기종기 모여든 노란 수선화

3月 유치원생 입학 날처럼
꽃 팻말 달고 방긋방긋 하하 호호 웃음 짓는다

성숙한 나무에 둘러싸인 수선화
노란 꽃들이 활짝 피어나니
화단 학교는 풍성해
행인들 발걸음에 맞추어 춤도 춘다

호기심 가득한 얼굴 들어 올리며
바람 따라 머리도 흔든다
세상은 정말 알쏭달쏭해

노랗게 핀 수선화가 가로세로로
질서 있게 서 있다

아침 조례가 시작되었다
앞으로 나란히 좌향좌 우향우
그리고 국기에 대한 경례가 울려 퍼진다
순간 노란 수선화가 조용해진다

그 뒤에는 우아한 교관 선생님
목련화가 지키고 서 있다

아무래도 옆길로 벗어날까 늘 그렇게
노심초사하듯 지켜보고 있다

3月 수선화 입학식은
이렇게 요란했다
교내 방송 스피커에서 음성이 들린다
키도 쑥쑥 뿌리도 튼튼히 내려야 해요
꽃들의 새 희망을 알리는 수선화 소식 전해요
큰 나무도 기쁜 마음으로 반겨주세요

담쟁이넝쿨

어두침침한 절벽
빛이 들까 말까 아슬한 그곳에
악착같이 매달려 줄기를 잇는 너
새끼줄을 엮고 또 엮는다
담쟁이 소속에서 끊어질까 봐 숨 막힐 듯 그려진 너

그늘진 그 너머에는 웅장한 나무가
뿌리를 과감히 내리고 빛을 먹고 있다

하지만 넌 담쟁이
냄새나고 칙칙한 절벽에서 우아한 나무의
수분을 먹고 사는 기생충인가
아무도 알아주지 않아
그러나 그 습지에도 햇빛은 든다
아주 찰나 태양은 지독한 생명을 보았다

그 이름은 담쟁이넝쿨
죽은 도시의 표면에 초록의 화폭을 펼친다

예술의 경지는 그대가 보여 주는가
흐트러짐 없는 위계질서
그 무엇 하나 뾰족하게 튀어나온 것이 없다
볼 때마다 무아지경에 빠져
발걸음을 멈추지 않을 수 없다
담쟁이넝쿨의 위력에 홀린다

매미 전투

날이 저물더니
어둠은 서서히 밝음을 덮었다
하늘의 흰 구름은 붉은 노을에 가려 미소를 감췄다
그러나 저승사자 같은 먹구름이 불타는 입술의 태양을 먹었다
고요하다 한적하다
조심스러운 발걸음에 웅장한 나무들 조용하다 싶더니
푸른 파도 물결치듯
매미들의 합창 소리
선창자가 맴 하면
후창자는 질세라 용을 쓰며 똥줄을 요란하게 뽑는다
연이어진 맴 소음이 '미' 음으로 흐려진다
그러다가 한 발짝 디디면
사랑을 이어가는 매미들의 노랫소리
그 정열은 하늘을 찌르더니 또다시 데크레센도로 사

라진다

  넌 숨어 우는 매미의 교칙 음에 매혹되어 뜨거운 사랑을 갈망한다

헤어질 결심

한 몸이기에
한 정신이라 믿었는데
너와 나는 언제부턴가 다른 길을 걷고 있었다
같은 방향이라 고이 함께 지내왔는데
마음은 수천 갈래 찢어지기까지
너와 나는
숨죽이며 조용히 들키지 않게 살아왔던 날들

그 순간들은
고요했기에 편안하고
마음이 하나라고 믿고 싶었다
냉혹한 삶 앞에 이는 치열한 싸움을 견디며
우뚝 선 지금 이 자리에
언제부터였던가
우리는 생각도 못한 순간마다

마음의 문을 조금씩 닫아가고 있었다

너와 나
이제 얼굴이 보이지 않아
완전한 사랑이라 여기고 싶었는데
그 빈자리는 헤어질 결심을 한 정점
느끼며 살아온 세월
너와 나
말을 건넬 수 없었다

사랑한다는 말
꼬깃꼬깃 마음속에 접어둔
쓸모없는 시간 앞에
너와 나
헤어질 결심만 남긴 채
그리고 문득 너는
이제 그만 헤어지자고 말한다

부탁이야

우린 별이라고 생각했어
깜깜한 밤하늘에 빛을 발했지
너무도 찬란히 빛나자
둘이서 살짝 또 다른 조각별을 낳았지

어느 날
사각별이 되어
절대 떼어낼 수 없는
신비의 별이라 믿었지

한 개의 별이 잠들면
또 다른 별님이 깨워주었지
그런데
점점 별빛은 사라지고
아스라이 희미한 불빛만 남게 되었지

그러자
하나의 별이
나 좀 내버려 둬
부탁이야
또 다른 별은 등을 돌리고 웅크렸지

두 개의 별은
눈동자가 사라졌지
하늘은 점점 어두워졌어

또 하나의 별은
남은 빛으로 가장 사랑하는 별을
떼어 버렸어
부탁이야
숨을 쉴 수 있게 해 줘

가을하늘

가을 하늘이 높아만 갈수록
나의 마음은 낮아진다
우러러보면 온통 하늘색으로 물들었는데
그만 그 푸르름에 텅 빈 눈 속에 담아보려
가던 길 애써 난 멈추었다

흰 구름마저 바람 따라
맑은 가을 하늘을 무심코 가로질러 지나간다
잠시 뒤
조각구름 찢어진 구름 미운 구름 새끼 구름을
낳으며 하늘 품속에 묻었다

넋은 어디 간데없고
무작정 가을 하늘을 담았더니
배가 불렀다

눈이 열리자 흰 구름은 솜사탕으로 변해가더니
달콤함으로 허기를 채워 주었다
그제야
발걸음은 비타민 C와 D를 흡수하더니
통통 튀었다

낙서 금지

개념도 없다
규칙도 없다
이 테이블은 공공장소이므로
낙서는 금지다

하루 이틀 사흘 시간이 흘렀다
그 테이블은
수평선인지 곡선인지 나선형인지
팔이 굴러가는 대로
손이 움직이는 대로
나돌아 다녔다

낙서 금지 테이블은 규칙 위반으로 크게 희생되었다
그곳은 좀 괴상하다

혼잡하게 뒤엉킨 선들을
해독하려 해도
무슨 뜻인지 풀리지 않았다

잠시
생각을 멈추고
가만히 그곳을 바라보았다
그때서야
예술이야 예술이야
5센티미터의 주먹이 마구 굴러간 곳

구멍 난 양말

 네가 처음 나에게 다가올 때는 새하얗다고 가지고 싶었어
　하지만 손때 묻을까 봐 한 발짝 뒤로 물러났어
　예쁘게 옷 입듯 번쩍거리는 포장지에 둘러싸인 너
　사각 모양을 한 너의 실체는 사방으로 닫혀 있었지
　함부로 손대기가 두려웠어
　너를 한참 동안 물끄러미 바라보니
　점점 곁에 두고 간직하고 싶어서
　고독이 내게로 밀려들 때 난 맨발로 지내게 되었어
　마치 원시인처럼……
　할 수 없이 정성스레 묶인 꾸러미를 풀어야 했어
　아주 조심스레 사랑스러운 너의 겉옷을 하나하나씩 풀어내듯……
　가슴의 중간쯤 서서히 열리는 하얀 속살이 드러나는데

너무도 하얗다 싶었어
나는 그만 눈이 부셔서 얼른 닫아 버렸어
또다시 살그머니 조심조심 열어보는데
하얀 양말이 열 켤레가 들어 있었어
첫날밤
너와 난 하나 되어 포근한 듯 잠들었어
여러 날을 낮은 자세로 어둑한 그곳에 갇혀
네가 이끄는 삶에 묵묵히 함께하였지
이젠 이리저리 좁은 곳에서 치이다 보니
그만 작은 구멍도 생겼어
처음보단 못난 너이지만 편안한 걸 어떻게 해

기적

 그날과 그 시간은 언제일지 모르니
 항상 깨어 준비하고 있어라
 며칠 전 튀르키예에 지진이 발생했다
 고층 건물은 도미노 현상처럼 한순간 무너졌다
 임산부의 탯줄을 달고 신생아는 숨 쉬고
 어린아이가 동생을 품고 건물에 깔려 숨을 가까스로
쉬고
 며칠은 자기 소변을 먹고 목숨을 유지한 남자아이
 침상에 누워 잠들다 눌러진 천장에 숨겨두고
 팔을 밖으로 뻗은 딸아이의 손을 놓지 못하는 아버지
의 슬픔
 언제 죽을지 아무도 몰랐던 그들을 보며
 난 무엇을 생각하고 있는가
 누구도 이런 어린이와 같지 않으면 아무도 하늘나
라에

들어갈 수 없다는 예수님의 말씀이 떠오른다

그 무너진 건물 잔해 속에서 아이들이 살아 숨 쉬고 있음은

희망이고 기적이다

신은 죽어가는 생명에 숨을 불어넣고 있었다

— 2023. 2. 13

2부

등대의 사랑

봄꽃이 필 무렵

봄날이 기다려집니다
햇살보다 쌀쌀한 바람이 더 세게 부는 날입니다
제 눈에 띄는 유일한 나무가 있습니다

동백나무에서는 냉혹한 날씨에도 뜨거운 열정을
한 알 두 알 세 알 그렇게 맺습니다
봄바람이 살랑이다 보니 미세먼지를 한가득 덮고 있습니다

왜 그 나무들은 그늘진 담벼락의 음침한 곳에 자리해 있을까요
키는 자그마해서 행인들에게 인기가 없습니다
몸집은 작은데 동백꽃은 비율적으로 큰 것 같습니다

봄 향기가 코끝에 물씬 다가오면

날씬한 목련꽃도 한 맵시를 뿜어냅니다
너무 아름다워서 눈은 그만 매혹되어 꿈길 속을 걸어 갑니다

목련잎이 활짝 피면 금세 잎은 지고 맙니다
잎의 무게에 못 이겨 축 늘어져
가지에 매달려 퇴색되어 버립니다
꽃이 필 때와 떨어질 때는 참 다릅니다

하지만 동백꽃은 필 때는 그리 예쁜지는 모르지만
꽃잎이 지고 떨어질 때 땅 위에 내리는 곧은 자세는 참으로 고결합니다
꽃잎이 여러 겹으로 싸여 무게가 나가는 만큼 품위 있는 꽃입니다
떨어진 꽃은 흐트러짐 없이 온전하게 하늘을 향해 있습니다

봄바람이 거세게 불 때면 꽃잎은 휘날리게 마련입니다
흙에 사뿐히 내려앉은 동백꽃에 저는 숙연해집니다
조국을 구하기 위해 이 땅을 지켜준 선열들의 피
인간의 구원을 위해 사랑을 이 땅에 뿌린 예수님의

선혈이 가득합니다

봄꽃이 필 무렵
나무는 해마다 그것도 아주 제때에
꽃을 피우고 꽃잎을 날립니다
자연에 순응하고 순명하는 그 자세는 '예'입니다
그래서 아름다운가 봅니다

엄마

엄마 품에서 태어난 지도 오십 년 하고도 조금 넘었다
엄마는 딸과 함께 살아온 지도 일흔 중반이 되었다
살면 살수록 이상한 일이다
그토록 오랜 세월을 함께 했는데도 우리는 서로 상극이다
세대 차이가 크다지만 이해할 수 없는 엄마의 세계가 놀랍다
외고집 같기도 하고
욕심쟁이 같기도 하고
좋은 말만 듣고자 하고
작은 말 한마디에도 잘 삐친다
나이를 먹으면 먹을수록 소심해지고 서글프다고 한다
어른이 어린이 같을 때는 정말 당황스럽다

점점 소심해지고 작아지는 엄마
고통의 나날을 딛고 살아온 세월의 집념이 강한 엄마
바윗돌 같아 쪼개어지지 않는다
모퉁이의 머릿돌 같아
그곳은 흔들림도 방황도 없다
오로지 외길 인생
어떻게 보면 무척 큰 바위 같지만
사실 알고 보면 작은 모래알 같아
등은 활처럼 굽어가고
다리는 알파벳 Z자처럼 휘어져 힘을 잃어가고 있다
엄마는 자기 모습을 인정하지 않는다
하지만 세월은 절대로 부정할 수 없다
보기 싫다고 똑바로 보지 않는 것은 약한 자다

엄마는 강하지만 무척 약하다
엄마는 밖으로 나가기 전에는 항상 거울 앞에 머무신다
머리카락 모양이 바르게 되었는지
옷 색깔이 예쁜지를 보느라 긴 시간을 보낸다
딸은 단지 3분 내지 5분이면 몸단장이 끝난다
이것만 보아도 엄마와 딸은 상극이다
느리지만 그곳의 뿌리는 온전하다

뿌리가 썩은 화분의 풀꽃을 살리기도 하고
빨래를 정리할 때는 새색시 같고
설거지 정리할 때는 신혼살림을 보는 것 같다
이제나저제나 완벽을 더하면 더했지 덜하지는 않다
엄마의 일차원적 삶에 무관심했던 사 차원적인 딸
언어가 못났다고 하여 그 사람이 모진 것은 아닐 거다
세월의 상처를 싸매지 않으면
엄마의 영혼은 야수로 돌변할 테니깐……
저주에 걸리지 않도록 잘 봐야 한다
그래서 엄마와 나는 서로에게 관심과 배려가 필요한
가 보다

그 나무

정원에 꿋꿋이 서 있는 나무
동물 같으면 암컷이라고 말하겠지만
그는 아무래도 암수다
길을 지날 때 왠지 눈길이 자꾸만 간다
그래서 뒤를 돌아본다
그 나무는 예사롭지 않다
다리는 쭈욱 뻗어있고 연둣빛과 약간의 붉은빛을 더한 단풍가문이다
눈이 오고 비가 몰아치고 태풍이 불어도
그 나무는 잎의 물듦도 없이 사시사철 그대로다
물끄러미 바라보는 그 나무는 말을 걸고 싶어 한다
그 나무는 어디선가 낯이 익고 만난 적이 있었던……
그 암수 옆에는 닮은 나무 서 있다
아마도 정원은 그리스신화의 낙원이었을 것이다
만물이 어우러지는 자유로운 마을

사냥을 즐기던 다프네가 무엇으로부터 달아나려다
그만 월계수로 변해 버렸다
아폴론은 다프네에게 구애하지만 거절당한다
쫓고 쫓기는 시간 속에 다프네는 아버지에게
영원히 여자로 남게 해 달라고 간구한다
그때 다프네는 낙원의 뜰에서 푸르름으로 변해 버린다
아폴론은 잡아보려 하지만
다프네는 사라져 버렸다
결국 연인은 죽고 나서야 영원을 약속하는 나무가 된다
다프네와 아폴론은 사랑스러운 눈빛으로 마주하고 있었다
그 암수와 수수는 사랑을 그리는 월계수의 전설이다

숲 대공원이 내게 주는 선물

꽃을 싫어하는 사람이 있을까
내가 보아온 꽃들은 화단에 심어진 수선화
바위틈에 박힌 철쭉
5月이면 울타리의 장미 덩굴이 전부였다
어느 날 마음에서 울려오는 장미축제
어떤 장미길래 5일간 정원을 개방하는 것일까
내 고향이지만 처음 가 본 대공원
나무들은 쭉쭉 뻗어 그늘이 되어 주었다
숲이 가득한 이곳은 천상 낙원이었다
숲속 언덕길 따라 한 걸음 두 걸음 올라가면서도
힘겨운 줄 몰랐던 것은 메타세쿼이아에서 나오는
피톤치드 덕택이었을까
깡통처럼 찌그러진 폐에 산소가 마구 들더니
부풀기 시작했다
난 미소도 살아나고 새들처럼 쉴 새 없이 재잘거렸다

행복은 자연과 호흡할 때 생겨나는 걸까
숲은 나에게 생명을 선물해 주었다
난 숲에 웃음과 기쁨을 건네주었다
처음으로 꽃구경 날
팻말이 안내하는 길 따라 깊숙이 들어갔다
정원은 빨강 노랑 분홍빛으로 화사했다
고풍스러운 자태와 화려함을 뽐내며 정원을 가득 메웠다
풍성한 잎에서 풍기는 우아한 프랑스 장미
새침데기 일본 장미
숙녀 수줍음에도 불구하고 신사가 에워싸는 영국 장미
과감히 붉은 기운을 풍기는 미국 장미
혼혈의 아름다운 잎으로 물든 장미
꽃봉오리를 지으며 호기심 어린 눈으로 바라보는 노란 장미

네가 나에게 와닿고
내가 네게 안길 때
숲은 너와 나의 에덴동산이었다

한 장미 송이와 어린 왕자

어린 왕자는 소행성 B612호에 산다
별은 너무 작아서 화려하게 꾸밀 수 없어
공처럼 둥근 별
밝은 빛보다 어둠이 더 많아
어린 왕자는 그 별의 주인이었어
매일 똑같은 일상으로 조금씩 지루해졌지
그럴 때마다 의자에 앉아 이웃 별을 부럽게 바라보았어
빛이라곤 십분 간 머물다가 가는 게 전부야
애가 탈 만큼 아쉬울 때
작은 씨앗에서 꽃망울이 터지더니 어여쁜 장미 한 송이가 태어났어
너의 이름은 뭐니
보면 몰라 가시 돋친 말투로 붉은 장미잖아
어린 왕자는 유일한 벗이 생기자

매일매일 정성스레 물을 주었어

장미는 키도 커지고 멋진 잎사귀로 아름다움이 더해 갔지

하지만 뾰족한 어투는 여전했어

밤은 추우니깐 바람막이해 달라고 졸라댔어

어린 왕자는 장미꽃의 투정으로 소행성을 떠나 여행을 갔어

어쩌면 좋아

장미는 목이 말라 점점 시들어 갔지

어린 왕자는 장미가 부르는 소리를 듣게 되었어

가장 보배로운 것은 눈에 보이지 않아

네 마음 깊은 곳에 있어

장미는 어린 왕자에게

넌 나를 정말 사랑하니

그 어린 왕자는 장미가 그리워졌어

별을 바라보며 생각했어

넌 없어서는 안 될 가장 소중한 존재야

모른다는 것은

파도가 밀려오기 전
완전한 인간이었다고 믿고 있었는지도 모르겠다
시간도 능력도 너의 종 되어 질질 끌려가고 있었는지도 모른다
시간의 주인이 되고자 너는 뼈를 깎고 있었는지도 모른다
칼이 되어가고 있는지도 모른 채……
결국 아무것도 모르는 삶을 살아왔을지도……
보이지 않는 그 무언가의 시간과 공간 속에 불행이라고 말하면 불행이고
아무런 생각 없이 그저 그 고통에 순종하면 시간의 주인이 되어가는지도 모를 일이다
바다가 짠 이유를 난 모를 일이다
과학적인 지식도 없는 데다 그곳에 굳이 발을 담글 필요가 없었는지도 모른다

태양은 그 물을 긴 시간 동안 말없이 야금야금 앗아 갔는지도 모를 일이다
 하얀 덩어리가 거듭 쌓이더니 시간의 주인은 주물럭대며
 무언가 만들었을지도 모른다
 간신히 두 다리를 세우고 걷더니 주인의 인형이 되었을지도 모른다
 평화로운 그곳에 파도는 세찬 물결을 가져다주었을 것이다
 피하고 싶었을지도 모를 일이다
 시간의 주인은 하얀 덩어리를 그만 덮어 버렸는지도 모른다
 바다와 조각 덩어리는 그렇게 하나로 되었을까
 하나이지만 둘이고
 둘이지만 하나라는 사실은 지금도 모를 일이다
 몰라서 편안한 건지
 서로를 알아서 고요한 건지 모를 일이다

나무와 달

이십 년 넘은 나무 한 그루 있다
그 이름은 무색이라고 하자
날은 어제도 오늘도 내일도
밝았다
또다시
어두워졌다
목마름에 지친 무색은 기도를 드렸다
신이시여
품을 수 있는 가슴 주소서
그때 새초롬한 달은 어둠을 타고
나뭇가지에 걸렸다
놓칠까 바들바들 떠는
마지막 잎새조차도 안았다
기약 없는 기다림에
너는 어떻니?

풀잎

작고 보잘것없다고
보아주지 않는 너
바람 한 점에 고개 숙인 너
클수록 보기 어렵고
작아야만 보이는 너라서
가슴을 낮추고 내려다본 하늘 아래
묵묵히 피어난 이름 모를 꽃이여
여리고 가늘어 죽기 쉽다지만
그렇지 않다는 것을
너도 알잖니?

낙엽

바람 한 점에
무수한 잎들이
꽃잎처럼
내려앉는다

나무의 젖줄기를
마시며 견뎌온 푸르름은
노년을 맞이한 듯
노란 잎
붉은 잎새로 갈아입었다

바람 따라 구름 따라
꽃잎을 수놓고
임 찾아
정처 없이 떠도는

그대를 물끄러미 바라보면

내 마음은 황홀하다

죽음이란

하늘을 우러러본다
움츠러드는 생명은 깊어질수록
환한 달빛에 눈멀었다

도시 외벽 사이를 두고
숨바꼭질하듯 구름이 잠시 가렸다
고정된 눈빛을 시샘하듯
철새들은 높은 창공으로 날아오른다
저들의 무리는 질서를 짓는다
흐트러짐 없는 자연의 숭고함 경이롭다

목적지를 향해가는 무거운 걸음
들려오는 침묵의 소리도 있다
새들은 청량함으로 지저귀고
아무도 봐주지 않는 죽음 앞에

지금도 빗물처럼 내리는 잎들의 속삭임
무덤조차 없는 영혼들은 정령 되어
마지막 잎새도 휑하니 쓸려간다

등대의 사랑

캄캄한 어둠 속을 밝히는 등대처럼
그 자리에 늘 서서 누군가를 바라보았어
물결이 휘청일 때도 고요할 때도
넌 무언가를 향해 갈망하고 있었어
정처 없이 떠돌던 돛단배는
은은한 불빛을 받고 있었어
희미한 부표인 듯 가던 길 멈춰 선 고독한 배
한참 동안 빛에 머물렀어
그러다 차츰 따스해져 오는 눈빛에
꽃망울은 터지며 그리움이 흘러내렸어
 널 언제나 비추던 무언가는 비밀의 문을 가지고 있었어
 이내 빛이 사라지자 별처럼 쏟아지는 '사랑'이라는 말…….

꽃의 왈츠

쌀쌀한 봄기운이 매워 옷깃을 여미는 계절
3月의 꽃들은 무엇이 그리워 막무가내로 피어나는가

그늘진 그곳에 새 아가는 너도나도 서둘러
꽃 피우려 야단이다
목련화는 아기 새처럼
피어날 듯 말 듯 나뭇가지에 유난히 달려있다

햇살이 비추어줄 만도 한데
얄미운 비바람의 시샘으로
숨죽인 꽃잎들……

살포시 눈동자를 내민

그대의 사랑에

내 마음 따사로워

콧노래 부르며

바람 따라 춤을 춘다

이름 모를 새

3月의 어느 봄날
빛을 보기 힘든 벽과 벽 사이
나무 한 그루 서 있다

문득
가을이란 액자에 갇힌
푸석한 잎사귀
너는 고독을 심으며
늘 쓸쓸하게 서 있구나
무엇을 그토록 애타게 기다리는가

봄은 이미 네 곁에 왔는데
아픔을 달래 주려
둥지만을 남겨 둔 이름 모를 새
외로움에 젖은 네 마음을 아는가

봄날
가을옷을 입은 너와 나
바람이 세차게 스쳐도
네가 어디서 와서 어디로 가는지
묻지도 따지지도 않아

느닷없이 나뭇가지에 피어난 새 둥지
화사하지는 않지만 소박한 한 쌍
안식처를 찾은 듯 고요하다

3월의 웨딩

봄날의 꽃내음이 꽃을 피우는 3月
들길 따라 세상을 비추려 고개를 든
긴 행렬의 수선화
아득히 가려진 어둠을 밝히려
아리따운 노랑 잎으로 물들인 꽃이여

어느새 꽃향기 가득한 부케가
고독한 길손들 품에 안긴다
그대의 마음을 아는 듯
시냇물에 발 담그고 뒷짐 진 중백로마저
날갯짓하며 날아오른다
불그스레한 신부의 입장을 알리듯
숨죽여온 사랑의 꽃길
사랑을 안은 바람처럼
꽃잎을 날리며 영원의 입맞춤을 건넨다

그대 음성에 내 마음 열리고

난 그대 얼굴을 몰라요
볼 수는 없지만
그대 음성 들으면 마음이 보여요

사랑이란 말은 하고 싶어도
감추어둔 그대 마음
차가운지 뜨거운 지도 망각한 체
그대 사랑은 눈멀었군요

임의 사랑을 그리워한 세월
목이 메어 눈물이 흘러요
그대는 예전 무심코 스쳐간 임이죠
또다시 추억의 필름을 돌려보아요

난, 그대를 잘 몰라요
다만, 어디선가 들려오는 그대 음성
내 마음은 열려요

그대 음성 듣노라면
내 심장은 요동치고
내 마음은 활짝 열려요

잠 못 이루는 밤

봄날
분홍빛의 잎들이 고개를 내민다
마음을 황홀케하는 수천 개의 꽃잎
무심코 바라보는데 하나 같이 닮아 있다
무엇을 관심 있게 바라봐야 하는지 잊은 채
바람이 속삭이는 고백에 넋을 잃고 만다
나는 너의 사랑이고 싶어
너는 내 사랑이야
온종일 시간을 세워 보아도
한마디조차 건네지 않는 너인데
다만 꽃잎만을 뿌리고 가는구나
사랑의 꽃잎이라
바람 한 점에
축복밖에 할 줄 모르는 너의 운명
고요한 밤

세상이 잠들면 잠시 쉬어가는 너인데……
이 순간
쌓이고 쌓인 꽃잎을 밟으니 쿠션만큼 푹신한 너의 가슴
또 한 번 잠 못 이루는 밤이 되는구나

부활

꽃을 피우기 위해 너는 얼마만큼 울어야 했니
화려하지 않은 너의 묻힌 세월
아무도 보아주지 않는 너이지만
매 순간 희망의 끈을 놓지 않았어
하늘을 우러러 빛을 머금고 살아온 너였기에
죽음은 끝났을까 싶었지만
구름처럼 흘러가는 그것은 고통이었어
그때마다 그대 앞을 가로막고 있던
숨 막히는 고난은 잠잠해졌지
암흑의 어둠은 환한 빛으로 채워졌어
이젠 더 이상의 슬픔과 고통에 짓눌리지 않아
마음속에 맴돌던 의문조차 알렐루야로 답할 뿐이야

그 누군가를 그리워해 본 적 있나요

담벼락 아래 빛도 들지 않는 그곳에
먼지 입고 앉은 들꽃 있네
미풍이 볼을 스칠 때
사랑의 씨앗이란 이름으로 홀씨를 뿌렸죠
맑은 날에도
흐린 날에도
비바람이 날리는 날에도……
그런다고 무슨 일이 생겨날까요
보잘것없는 풀 한 포기일 뿐인데……
어느새 여러 달 흘렀네요
그래도 슬퍼 말아요
빈틈을 빼꼼히 타고
가끔은 햇살이 비추었으니깐요
사랑이 스며들어요
조금씩 조금씩 터질 것 같아요

더는 견딜 수가 없어요
임은 바라만 보았지요
그런데 놀라지 말아요
그리움이 흐르고 흘러 애가 타더니
그대 눈앞에서 민들레가 반겨주네요
임 그리는 내 마음을 그대는 알기나 할까요
하루 이틀 사흘 밤새워 보낸 날만큼
천지가 꽃길이네요
그대는 누군가를 미치도록 그리워해 본 적 있나요

물안개

욕실에 들어섰다
변기도 있고
세면대도 있고
샴푸 트리트먼트 세안 비누도 있다
로션도 있고
세정제도 있고
가글도 있고
치약도 있고
칫솔도 있다
샤워 타월도 있고 클렌징도 있다
장애인 목욕의자도 있고 앉은뱅이 의자도 있다

욕실 문을 열었을 때
분명히 선명하게 드러난 물품들······
수화기에서 분수처럼 내뿜는 물줄기

냉수에서 미온물로 온도를 좀 더 올려 보았다
비누거품을 생명체에 발라 지우는 동안
물안개를 피웠다

더듬어 본 세월
거울 앞에 선 너를 보았다
내 앞에 네가 서 있다
뿌연 안개를 입고
뚜렷하게 선 알몸은
전혀 때가 묻지 않았다

고뇌

뜨거운 태양도 가고
시원한 바람도 가고
참고 견뎌온 무더위를 안고
이제야 한없이 우는구나
흠뻑 젖은 옷깃에 시원해지니
서러워 말아라
잠시
지나가는 사랑에 쉼을 더하다 보면
햇살도 드니깐 말이다

3부

세상에서 가장 큰 슬픔을 주워 담아요

꽃길

황량한 벌판인 줄도 모른 채 걸어온 그 길
엄마 품속 잠든 아기로 돌아가고 싶은 그곳
근심과 번뇌에 잠금쇠를 걸어두고
그제도 어제도 걸어온 그 길
불투명한 자연을 파묻고 발자국을 새겼다
해와 달도 셀 수 없는 세월
사랑도 저버린 채 걸어온 그 길

이젠, 유난히도 화사한 꽃길이 되어 빛을 머금고 있다
시작부터 끝까지 걷던 그 길은
들꽃들과 나란히 입장하고 있다
그 길을 풍성히 채우는
백로의 고독한 걸음 홀가분하다
꿀을 찾아 날아드는 흰나비조차 나풀나풀 춤춘다

달과 구름

새까만 밤하늘을 신기한 듯 올려다보는데
달빛마저 짙은 노랑 빛을 더해
물끄러미 무언가를 바라보고 있다
두 눈동자에 빠져 넋을 잃어가고 있을 때쯤
밤 구름은 달의 얼굴을 포옹하며 멈추었다
차츰차츰 눈동자가 한가운데 몰리더니
그만 애꾸눈이 되어 버렸다
그러자 슬픔이 밀려들더니 우주의 빛줄기는
붉게 물들어 가고 있었다
외톨이가 돼버린 외눈박이 눈동자는
구름의 옷을 입고 아련히 빛을 내고 있다
지금도……

반려 식물

외롭고 슬픈 그 자리에
피어나지도 못한 사랑
내 가슴에 밀려드네
입을 다소곳 모은 걸 보면
숨죽이고 있는지

해가 뜨고
날이 저물고
수십 번 들여다본 그대 모습
텅 빈 마음에 미소 담아
"사랑해"
"예뻐"라고 고결한 언어를 뿌려 주었네
그러자
하루 이틀 사흘
사랑을 조금씩 피우더니

함박꽃이 되었네

결코
실망을 주지 않는 너라서
희망을 가득 담아 주었네
고요히
입을 다무는
너의 자태를 보니
내 사랑도
평화로이 잠들었네

5월의 마지막 날

끝이라고 말하지 말아요
아름다운 꽃들이 저를 반겨주었을 때
무척 행복했다지요
이름 모를 꽃들이 피었어도
낯설지 않았어요
그냥 꽃이었기에
미소를 담아 주었죠
날이 밝아오면
재잘재잘 소란하기도 해요
그날이 다 간다고 해서
슬퍼 말아요
땅 깊은 곳 씨앗을 묻어 둘 거니깐요
지구가 한 바퀴 돌면 그때 봐요
안녕!

그네

놀이터에 한 쌍의 다리가 있다
초록과 빨강을 띤 앉은자리
까맣게 얼룩져 지워지지 않았다

바라만 보았다
나와는 별 상관없는 물건이라 생각했다
지나쳐 갔다
잠시
개구쟁이들이 잽싸게 동아줄 잡고 높이 오른다
세상을 다 얻은 듯
무섭지도 않은지
서서 힘차게 다리를 굴린다
하늘 구름에 닿을 듯

떠나간 자리에서 고독을 심는다

아무도 보지 않는 시간
사랑하는 임 앞에 기대 듯
무심코 살며시 앉아 보았는데
동심의 세계가 보였다

조심히 페달을 밟듯 발을 굴려본다
자유자재로 왔다 갔다 움직인다
얽매임 없는 그 무언가의 세계로 건너간다
나를 옭아매었던 구속은
어느새 사라지고
밤하늘 별을 찾아 점점 올라갔다

6月의 바람

시샘 가득한 유월의 사랑은
태양에 젖고 싶어 안달하다
이 길 저 길을 걸어 보았다네
촉촉하게 스며들 만도 할 텐데
이리저리 파고드는 그대
잠 못 들게 세찬 발걸음으로
시작을 알리는 6月의 기운
늘어지지 않는 네가 있어서
즐거움이 더한다네

조국

사이렌이 울린다

5분간 묵념

365분의 1 침묵

내 삶을 추구하다

임을 잊었다

나를 얻고 너를 잃고

너를 잃고 나를 얻었다

아직도 용암처럼 끓어오르는데

고요히 잠든 척

묵묵히 버티는 네가

고맙구나

달빛

밝을 때도
어두울 때도
늘 그 자리에서 빛을 발하는 너인데
밤일수록 더욱 은은하게 빛나는 것은
아름다움이어라

깜깜해야 보이는 너인데
오래간만에 본 얼굴
너무도 핼쑥하여라
하늘을 우러러보니
내 맘은
널 찾아 밤길을 걷고 있었다

여름

실내 온도가 29°
6月 초인데
치마를 입은 여인
아스라이 허벅지를 드러내는 수치
무릎까지면 좋을 텐데
좀 더 위로 오른다

몇 주 전만
생기발랄한 야생꽃들
환한 대낮인데
보이지도 않는 태양의 포옹
몸서리도 치지 못하는 운명
한 떨기 꽃잎은
뜨거운 사랑에 못 이겨 시든다
바람 한 점 지나갈 만도 한데

무심하기도 하다
사랑에 젖어
뒤엉키도록 바라만 본다
인공바람을 들고
묵직함을 떼어내려는데
그것도 잠시뿐
열기가 온몸을 감싼다
숨구멍으로 깊이 파고드는 사랑
참다못해 물줄기 된다
알고 보면
사랑의 열매는 태양이다
그래서인지
여름이 더욱 좋다

무인 편의점 1

 상점들이 마치 연립주택처럼 즐비하게 서 있다
 몇 해 전 집 앞 식육점은 큰 간판의 네온사인을 비췄다
 한동안 분잡했지만 손님들은 서서히 뜸해져 갔다
 세상살이 그러하듯
 파격적인 세일로 사람의 이목을 끌었다
 이상하다 붐비어야 하는데 파리만 날아든다
 결국 가게는 문을 닫았다
 한 달 넘게 불은 꺼지고 캄캄했다
 차츰차츰 무엇이 생겨날까 하고 의문을 지녔다
 그 속은 허물어지고 아무것도 없었다
 몇 주 지나자 오색 무지개 과자와 아이스크림이 쌓였다
 그러나 이곳엔 주인이 없어서 우주라 한다
 그럼 계산은 누가 하지

물건을 구입하지 않으면 알 수 없다
출입구에 양심을 먹는 기계가 있다
그냥 지나가고 싶지만 촉수가 움찔하다
내 앞에 고사용 돼지가 입을 벌리고 있다
그래서 염원하듯 만원을 꽂았다
인격을 읽어내는 듯 한참 머뭇거리더니
딸랑이를 마구 뱉어냈다
행운을 잡은 듯 얼른 주워 쥐고는 호주머니에 담았다
난 알록달록 과자와 미니 아이스크림이 전부였는데……

무인 편의점 2

사람이 없다는 것은 기계뿐이다
또는 동물뿐이라고 생각할 수 있다
우리는 사람이 살지 않는 섬을 무인도라 한다
바다에 둘러싸여 약간의 숲을 이룬 곳
인간들이 쉽게 넘나들 수 없는 곳을 원시섬이라 한다
갈매기들은 자유로이 날고
백로의 고독을 원 없이 심을 수 있는 곳
뱃고동 울리며 고기잡이 어부들 외치는 소리
고요한만큼 인적이 드문 태초의 그곳은
자연의 신비가 가득하다
눈을 뜨고
바라본 세상
무인 가게가 듬성듬성 생겨난다
인조 무인도다
이곳은 사랑의 편리를 위한다지만 유혹의 섬이다

무인도에 가고파 마법의 문을 열었다
"이곳에 오신 걸 환영합니다"
화려한 불빛과 흥겨운 음악을 흘러 보내며
마음을 끌어올린다
여기저기 알록달록 과자와 달콤한 아이스크림들이
자석처럼 끌어당긴다
이것을 먹으면 24시간 동안 환상여행을 할 수 있다
물건을 담을수록 우주선은 지구를 떠나가고 있었다
바람이 서서히 빠지면서 지구에 다다르니
여행비를 지불하라고 AI가 안내를 한다
우주여행은 즐거웠습니까
현금결제 또는 신용카드 결제를 요구한다
나는 종이 지폐 만 원을 투입구에 넣었다
그 기계는 와그삭와그작 씹고 나서 딸꾹질을 하였다
그러자 동전 세 개가 요란하게 떨어졌다
"남은 시간 즐겁게 보내시고 안녕히 가세요"라고 인사도 한다
문을 열고 나오는데 집 앞이었다

어머니

난 심장을 떼어낸 적 없었다
모든 것을 다 내주어도 이것만은
보물처럼 여러 겹 포장해 두었다
너무도
가까이 붙어 있어서
가장 소중하지만 거의 잊고 살았다
삶을 가슴에 담아두는 것도
빠른 속도에 젖어 익숙해져 버린 세월
기쁨도 슬픔도 아픔도 지워졌다

나에게 가장 작은 것은 무엇이고
너에게 가장 소중한 것은 뭐였을까
이젠 거의 다 떠났다
고독한 세월
무엇을 찾아야 했을까

관심과 배려를 듬뿍 쏟을 수 있는 자연이 필요했다
그래서 느지막에
반려식물을 탄생시켰다
가족이 늘었다
이후
시간도 뺏기고 관심도 뺏겼다
너와 나
처음 만났을 땐 싱싱했다
그렇지만
사랑을 맹목적으로 쏟는 바람에
뿌리는 오히려 썩어갔다
꽃도 피지 못하고
일찍이 이별해야 했다
애가 탔는지
하루 종일 병든 싹을 내다본다
햇빛도 쐬고
따스한 입김도 넣어주고
진정으로 가슴 아파한다
어떻게 해서라도 살려 보려고
이른 새벽 깨어나
앓고 있는 식물을 쓰다듬는다
죽은 잎을

떼어내고
끝까지 관심을 다 쏟았다
눈물을 머금고
아파하신다
어머니는
다 그런가 보다
아픈 자식에게
마음이 더욱 기우는 것은
옛날이나
지금이나
심장의 울림이 가까이 있다

매미의 잊히지 않는 여름날

지독했다
너와 나
혼연일체라는 환각을 지니고 묵묵히 견뎠다
큰바람을 맞으려면 조용히 귀 기울여야 했다
작은 바람은 그나마 산책 정도로 위안이 되었다
잠시뿐인걸……
넌 뿌리를 뽑고자 몸을 불태웠다
난 바람 속을 걸었다
죽음을 맞이한 수컷 매미가
영혼을 다 쏟아부었나 보다
육을 벗겨낸 듯 하늘을 우러러보며
소리를 잃어버렸다
너의 실체를 보는 순간 소름이 끼쳤다
진정한 죽음이란 무엇인가
인공바람으로 숨을 불어넣어 보지만

심장박동은 빨라졌고
젖은 열기로 너의 껍질은 느려져 갔다
삶과 죽음의 한가운데 서 있는 너는
그렇게 말했지
여름을 지독히 사랑했노라고
이젠 너를 보내고
또 다른 사랑을 맞이하고 싶다고 한다

거미집

그대만의 울타리를 지었네요
우주에 익숙한 듯
공중으로 떠올라 온 세상 다 얻은 듯
아늑한 보금자리

비 그친 후
물방울 맺힐 때면
불타는 태양 한 아름 듬뿍 뿌려주네요
신이 났을까요
흐트러짐 없이 완벽하게 얽힌 줄무늬
어떤 화려한 조명이
이처럼 아리따운 무지갯빛을 안겨다 줄 수 있겠어요

어떤 곡예사의 줄타기도
한 걸음 뗄을 때면 흔들흔들
팽팽한 심장이 녹아버리네요
그대는 한평생 시공을 초월하네요
실크의 한 올 한 올 위를 거니는
침묵의 줄타기에 숨 죽여 가는 시간
강자는 멈추고 약자는 우주의
신비로 점점 빨려 들어가네요

별

별은 반짝반짝거리며 빛나요
낮에도
밤에도
당신은
하늘을 올려다본 적 있나요
가장 큰 별을
찾으러 한참 두리번거려요
황금처럼
유난히도 빛나는
별을 보았지요
그런데
그건 인공위성이었어요
인조 같은 느낌
빛을 담고 있느라
엄청나게 힘을 쏟는 느낌

별은

말하지요

진짜는 빛을 머금는다고요

날씨가 좋다

좋아라 좋아라
어쩜
겨울인데
따스한 기운이
그대의 몸을 감싸네요

좋아라 좋아라
해맑은 웃음
절로 피어나는 겨울꽃
향기마저 처녀총각 가슴속에
파고드네요

겨울바람이
봄바람으로 변신했나 봐요
치마 속으로 보드랗게

스며든 기운이
간지럽네요
참다못해
겨울비마저
시간을 잘못 타고
봄비처럼 왔다 갔네요

설레는 마음
급했을까요
임 그리워
애타다
그만 구름을 탔네요.

겨울바람 입고
봄비 맞는 사랑방 여인의 속삭임이 달콤하네요

좋아라 좋아라
노래 부르며
그대는 날씨에 흠뻑 젖었네요

세상에서 가장 큰 슬픔을 주워 담아요

평화가 무엇이죠
내가 편하면 당신도 편한가요
당신이 불편하면 내가 과연 불편할까요
말을 하지 않으면 알 수가 없어요
그대는 본래 싫으면 싫다 좋으면 좋다고
말을 하지 않잖아요
그래서 세상은 고요하고 평화로운가 보다고 생각하죠
그대는 무엇을 먹었을까요
움직임이 없었잖아요
혹시 안주하셨나요
이 둘의 닮음이 있다면 겉모습의 고요함이에요
그러나 잘 들여다보면 다른 면이 있어요
안주는 변화 없이 늘 그 자리예요
내가 편하니깐 그럴까요
하지만

평화는 갈등과 다툼이 일어나요
너도나도 불편해요

받아들일 틈새 없는 구멍으로
무언가가 비집고 들어가려고 하죠
이것은 내가 살아온 방식인데
'다른 그 무엇은 절대로 안 돼'라며 막아버리죠
당신은 평화로운가요
그런데 지금 슬픔이 생겨나는 것은 왜일까요
그것은 내가 생각지도 못한 순간
단 몇 초 만에 육신이 잿더미가 되었기 때문이죠
나 아닌 너의 육신이 파괴되었다면
난 무척 슬퍼지지요
형체가 없어졌기 때문이에요
타인의 죽음이 이토록 슬픈 것은 인간이기 때문이죠
며칠 전 무안에서 비행기 사고가 있었죠
그곳엔 여러 부류의 사람들이 있었죠
우리는 건강할 땐 언제 죽을지 아무도 몰라요
내 사랑이
어느 날 갑자기 사라진다면
놀라지 않을 수 있을까요
뼈 한 조각도 없는 그 자리예요

그래서 가슴에 심한 요동이 치네요
슬픔을 억누르려 해도 화산처럼 끓어올라요
난 심장이 문드러지지 않기 위해서
눈물을 꼬깃꼬깃 주워 담아요
평화가 깨지지 않도록
아무런 준비 없이 죽어간 영혼들을 기억하며
아픔을 가슴에 담아 두려고 해요

        2024. 12. 29 / 무안공항 여객기 사고를 추모하며

아픈 손가락이 전하는 말

나에겐 열 개의 손가락이 있다
십이란 숫자를 지니고 있지만
분리되고 싶어도 나누어질 수 없다
우리는 하나라는 이유로
합일체를 이루고 있기 때문이다
움직이고 싶지 않을 때 꿈틀거려야 하고
움직이고 싶을 때 짊어져야 하는
한 아름의 무게
어떤 것은 지나치게 능동적이어서
약한 것을 잊어버리곤 한다
또한
어떤 것은 소심하여 힘겨울 정도로 수동적이다
쉴 때는 함께 쉬고
움직일 때는 약하든 강하든 중요치 않다
우리는 한 지체를 이루고 제 몫을 해내야 한다

그러던 어느 날
한 공동체가 퉁퉁 부어 숨쉬기 힘겨웠다
왼쪽 넷째는 말을 못했다
걷디다 못다 한 그 자식은
결코 곱사등처럼 굽어가고 있었다
그 사실을 늦게 발견한 형은 이미 늦어 버린 걸 알았다
양심의 가책을 채워 볼 양으로
사랑의 눈빛을 담아 본래대로 되돌리려 하지만
때는 늦었다
오른쪽 막내는 독립하려고
몸서리쳐 보았다
하지만 그럴수록 바벨탑처럼
솟아오른 흉측한 몰골
형은 그놈은 살려야 한다며 되돌려 보았다
제3자의 힘을 빌려 보석처럼 깎아 보았다
그도 역시 돌아오지 않았다
약한 자의 슬픔은 이러지도 저러지도 못한 채
또 다른 형상을 지니며
죽음을 기다리고 있었다

별빛을 먹고

봄날
온 세상 밝은 오후예요
한 쌍 되어 오순도순 오고 가는 눈빛 반짝이네요
움츠리고 깨어나는
흙의 몸부림인가요
풍향을 타고 보금자리 찾은 듯
꽃씨가 몰래 사랑을 심어 놓고 갔어요
뿌리 깊은 땅 저편에는
신화가 피어나고 있어요
어둑한 그늘도 지나고
미소가 자라나고 있네요
놀라울 일이 눈앞에 펼쳐져요
진분홍 별빛이 무수히 쏟아지고 있어요
그대는 시원한 바람도 먹고
따스한 햇살도 먹고 얄미운 바람을 타고

꽃비를 내리는 벚나무도 먹고요
어머, 메마른 살결이 피어나고 있어요
산책길 따라 임 그리며
몽롱한 꿈을 먹고 걸어 보아요

봄비

따스한 봄바람이 어찌 이리도 간지러운가요
태양마저 힘을 더해 내게 다가오네요
햇살은 어떤가요
별빛처럼 쏟아지는 그대의 말은 사랑스러워요
그대는 꿈속을 거닐며 들꽃과 인사를 나누었나요
눈앞에 펼쳐지는 저 초원을 바라보아요
수선화들의 축제 행렬이 이어지네요
강아지 발걸음은 어떻고요
신이 났나 봐요
벚꽃 잎은 말하네요
그대에게 사랑을 한없이 뿌려드리고파요
꽃잎이 바람에 날려 축복을 가득히 뿌려주네요
그런데 어쩌죠
어디선가 시샘하는 눈빛으로 바라보는 그대가 보여요
짙은 먹구름이 미소를 앗아가려 해요

어쩌죠

난, 보드라운 사랑을 맞을 준비를 못 하였네요

그래도, 괜찮아요

걱정하지 말아요

사랑방 봄비가 사랑을 속삭이듯 은빛 가루를 뿌려주니깐요

지금 들리나요

갈증 난 마음을 적셔주는 봄비의 부대끼는 소리가요

해커들의 세계

심장으로 바이러스가 침범해 들어온다
달달하고 붉은 속삭임이 수차례 들러왔다
파괴할 거야! 파괴할 거야!
얼굴 없는 자
초특급 열쇠를 들고 파고 들어온다
수차례 후벼대는 검은 손가락
로또의 숫자를 맞추듯
초현실의 숫자 행렬을 늘어놓는다
특수임무를 띠고 파견된 자
그의 심장은 보통 사람과 다르다
감각이 없는 자
오로지 숫자 배열만 맞출 뿐이다
태초 태어날 땐 그렇지 않았다
살다 보니 억만장자가 되는 게 꿈이었다
그는 캄캄한 곳에서 숫자만 만졌다

우주의 주인이 되는 유일한 방법을 그는 찾았다

숫자에 1㎎의 히로뽕과 전신마취제를 섞어 그곳에 쑤셔 넣었다

그러자

국보인 심장은 몸을 비틀어 짜내고 있었다

피를 토하며 울부짖는 비명의 소리가

아우슈비츠 수용소의 독가스 그림자처럼 흘러갔다

지구는 멈췄다

자전을 어떻게 해야 하는지 방법을 잃었다

단, 하나

살아 있다고 하는 것

병든 것은 고쳐야 하고 바꿔야 한다고

시위가 벌어졌다

까맣게 썩은 심장을 안고 좀비 되어 울부짖는 자

일렬로 줄지어 서기 시작했다

"붉은 심장으로 교체해 줘

이 개새끼야!"라고 너도나도 토해냈다

그러나 검은 손가락은 좀비의 외침소리를 듣고도

숫자에 1㎎의 히로뽕과 전신마취제를 섞어

쑤셔 넣을 곳을 또다시 찾고 있었다

열돔이 세상에 전하는 말

너의 편리함으로
얻은 거라고는 퍼지지 않는 열기다
마음이 하늘 같고
인심이 후덕하여
입 한 번 열지 않는 세상
단지, 할 수 있는 것은
참아 견디는 것뿐이다
너는
먹고 싶은 대로 먹고 마구 던져 버리지
뱃속의 즐거움을 채우느라
네 입은
늘 그랬듯이 방실방실하기만 했어
하지만
나의 심장은
온천의 열기보다 더 높은 기체가 되어

하늘로 올랐지

참고 인내하는 것은

하늘을 오르는 것일 뿐

너는

세상은 끝이 없다고 말했지

하지만

세상 만물은 끝이 있게 마련이야

진실한 행복은 무엇일까

밝은 것만 보려 하지 말고

때로는 어두운 것도 볼 수 있어야 해

울고 싶어! 오늘만은 마음껏 울고 싶어!

제발 세상이 울음을 터트리도록 도와줘

도대체 울음이 쏟아지지 않아

귀를 기울여 봐

어디선가 기도 소리가 울려 퍼지고 있어

세상은

그만 감동의 눈물을 쏟아부었어

죽을 것만 같았는데

울 수 있어서

살아났어

너는 물었지

밤새도록 실컷 울었냐고

세상은 원 없이 울고 나니
하늘은 더 높아만 가고 맑기는 새하얀 구름 같았어!
나도 숨 쉴 수 있게 해 줘서 고마워라고 미소를 뿌린다